과학은 쉽다!

★ 초등학교 과학 교과서와 함께 봐요!

과학 3-1 자석의 이용
과학 4-1 물체의 무게
과학 4-2 그림자와 거울
과학 6-1 빛과 렌즈
과학 6-2 전기의 이용

* 3~6학년 과학 교과서는 출판사별로 교과 단원 순서가 달라, 순번을 표기하지 않았습니다.

보이지 않는 힘
과학은 쉽다!

최영준 글·우지현 그림

차례

1 보이지 않는 것이 세상을 움직인다고?
눈에 보이지 않는 자연 현상

과학의 달에 떠난 비밀 소풍 · 8   과학의 방에 숨은 보이지 않는 힘 · 22
우리 주위에는 보이지 않는 힘이 있어! · 24   보이지 않는 힘이 신의 벌이라고? · 26
과학의 안경을 쓰고 세상을 보면 · 28

더 알아보기 눈에 보이지 않는 자연 현상을 어떻게 연구할까? · 30   도전! 퀴즈 왕 · 32
질문 있어요! 텔레파시, 투시, 염력 같은 초능력도 자연 현상으로 볼 수 있나요? · 34

2 보이는 빛, 보이지 않는 빛
빛의 종류와 성질

빛이 사라지면 어떻게 될까? · 36   알쏭달쏭한 빛의 정체를 밝혀라! · 38
빛은 어디서 올까? · 40   빛은 무슨 색일까? 얼마나 빠를까? · 42
빛은 똑바로 가려는 성질이 있어! · 44   빛은 꺾이고 휘는 성질이 있어! · 46
빛이 있어야 볼 수 있다는 게 무슨 뜻일까? · 48   우리가 볼 수 없는 빛이 있다고? · 50
보이지 않는 빛들이 하는 일 · 52

더 알아보기 거울에 물체가 잘 비춰 보이는 이유 · 54   도전! 퀴즈 왕 · 56
질문 있어요! 빛의 성질을 이용해 투명 인간을 만들 수 있나요? · 58

3 보이지 않는 전기의 힘
전기의 발견과 이용

전기가 사라지면 큰 혼란이 온다고? · 60 전자가 움직일 때 전기가 생겨나! · 62
사람들은 언제 전기에 대해 알았을까? · 64 흐르지 않는 정전기와 흐르는 전류 · 66
전기가 통하는 물체, 통하지 않는 물체 · 68 개구리 덕분에 전지를 만들었다고? · 70
자석으로 만드는 전기가 있다고? · 72 전기로 만드는 자석이 있다고? · 74

더 알아보기 전기 회로란 무엇일까? · 76 도전! 퀴즈 왕 · 78
질문 있어요! 번개는 왜 생기나요? 사람이 번개를 맞으면 어떻게 되나요? · 80

4 보이지 않는 중력의 힘
중력과 자기력의 성질

놀이 기구 속에 숨은 보이지 않는 힘 · 82 중력과 만유인력이 같은 거라고? · 84
중력이 사라지면 어떻게 될까? · 86 자이로 드롭은 어떻게 중력을 거스를까? · 88
커다란 열차를 움직이는 자기력 · 90 어마어마한 힘을 가진 특별한 전자석 · 92
지구가 거대한 자석이라고? · 94 지구 자기장이 우주 방사선을 막아 준다고? · 96
보이지 않는 힘의 비밀을 밝혀라! · 98

더 알아보기 무게는 뭐고, 질량은 뭘까? · 100 도전! 퀴즈 왕 · 102
질문 있어요! 지구의 중력이 지금보다 작아지면 어떻게 되나요? · 104

① 보이지 않는 것이 세상을 움직인다고?

눈에 보이지 않는 자연 현상

과학의 달에 떠난 비밀 소풍

과학의 밤에 숨은 보이지 않는 힘

아하, 비룡 초등학교 친구들이 비밀 소풍을 떠난 곳은 '수상한 과학관'이었구나. '눈에 보이지 않는 자연 현상'을 체험할 수 있도록 만들어진 아주 특별한 과학관이지! 그런데 보이지 않는 자연 현상이라니, 그게 도대체 무슨 말일까?

'빛이 사라진 방'부터 생각해 보자. 빛이 보이지 않는다는 말은 어딘가 이상해. 햇빛, 불빛, 달빛, 별빛을 봐! 우리는 늘 빛을 보고 사는걸. 그런데 눈에 보이지 않는 빛은 없을까? 또 눈에 보이는 빛이라도 우리가 보지 못하는 경우는 없을까?

'전기가 사라진 방'은 어떨까? 빛과 달리 전기는 눈에 보이지 않는 것이 분명해. 하지만 우리는 매일같이 전기와 함께 살아가고 있어. 텔레비전, 컴퓨터, 휴대폰…… 전기 없는 삶은 상상도 할 수 없지. 그런데 전기란 도대체 무엇일까? 어떻게 러닝 머신을 달린다고 전기가 만들어지는 걸까?

'중력이 사라진 방'은 우리가 땅을 걸어 다니는 게 당연한 일이 아니라는 걸 알려 줘. 보이지 않는 힘인 중력이 없다면 우리는 공중을 둥둥 떠다녀야 할걸. 또, 전기가 사라진 방과 중력이 사라진 방에서 아이들이 탈출할 수 있게 도와준 자석의 보이지 않는 힘도 잊으면 안 돼.

우리 주위에는 보이지 않는 힘이 있어!

맑게 갠 하늘에 갑자기 번쩍하고 번개 칠 때가 있어. 번개가 친 자리에 이유를 알 수 없는 큰불이 날 때도 있지. 때로는 한낮에 태양이 휙 사라지기도 해. 왜 이런 일이 벌어질까? 우리 눈에 보이지 않는 어떤 힘이 있어서, 이런 일을 일으키는 것은 아닐까?

사람들은 흔히 자기 눈에 보이는 것만 세상에 존재하고, 보이지 않는 것은 존재하지 않는다고 믿어. 하지만 눈에 보이지 않는다고 세상에 없는 것은 아니야.

사실 우리가 볼 수 있는 건 일부일 뿐이야. 세균, 효모, 곰팡이 같은 미생물만 해도 너무 작아서 맨눈에는 보이지 않지. 또 우주의 수많은 별 중 우리가 볼 수 있는 것은 몇 안 돼.

마찬가지로 우리 주위에는 보이지 않는 힘이 존재해. 우리가 사물을 보고, 컴퓨터를 쓰고, 나침반으로 방향을 찾고, 땅에 발을 붙이고 살 수 있는 것은 모두 보이지 않는 힘들 덕분이야.

보이지 않는 힘이 신의 벌이라고?

　사람들은 아주 오래전부터 보이지 않는 힘의 존재를 알았어. 하지만 보이지 않는 힘의 정체가 무엇인지, 그 힘들이 어떤 일을 하는지 깨닫게 된 건 얼마 되지 않았지.

　그전까지 사람들은 보이지 않는 힘으로 인한 자연 현상을 겪을 때마다 어찌할 바를 몰라 했어. 마른하늘에 번개가 치고, 한낮에 태양이 사라지는 이상한 일이 일어났는데 이유를 모른다고 생각해 봐. 얼마나 두렵고 무서웠겠니?

인당수에 빠진 심청이 이야기, 기억하니? 뱃사람들이 파도가 거센 바다를 건너기 위해 심청이를 제물로 바치잖아. 지금 생각하면 이상한 일이지만, 옛날 사람들은 이해하기 힘든 자연 현상들을 신이 내린 벌이라고 생각했어.

물론 제물을 바친다고 거친 바다가 잠잠해질 리 없으니까, 몇몇 사람들은 열심히 머리를 굴렸지. '왜 그런 일이 일어날까?' 생각하고 또 생각한 거야. 노력 끝에 사람들은 조금씩 자연 현상을 이해할 수 있게 되었어. 과학의 역사는 자연을 이해하고, 자연에 대한 두려움을 극복하는 과정이라고 해도 지나치지 않아.

과학의 안경을 쓰고 세상을 보면

과학이 발달하면서 사람들은 눈에 보이는 자연 현상 못지않게 보이지 않는 자연 현상이 많다는 것을 알게 되었어. 그리고 보이지 않는 자연 현상의 원리를 발견하고 깨치는 것이야말로 살아가는 데 꼭 필요한 일임을 알았지.

입체 영화를 본 적 있니? 맨눈으로 볼 때는 이상하던 화면이 특수한 안경을 쓰고 보면 입체적으로 보이잖아. 과학이 꼭 그래. 과학이라는 안경을 끼면서 사람들은 세상을 더 입체적으로, 종합적으로 보고 이해할 수 있게 되었어.

어디 한번, 과학의 눈으로 세상을 볼까?

지난 수천 년간 수많은 과학자들이 세상에서 일어나는 보이지 않는 현상들을 이해하기 위해 노력해 왔어. 그런 노력 덕분에 우리는 보이지 않지만 분명히 존재하는 것들에 대해 많이 알게 되었지.

이건 아주 의미 있는 일이야. 보이지 않는 자연 현상을 이해한다는 건 태풍, 지진, 화산 폭발, 해일 같은 자연재해에 보다 잘 대비할 수 있다는 뜻이거든. 또 보이지 않는 자연 현상을 이용한 여러 기술을 개발해서 더 편리하고 안전한 삶을 살 수 있다는 뜻이기도 해. 어때? 보이지 않는 자연 현상을 이해하는 게 얼마나 중요한지 알 것 같니?

더 알아보기

 눈에 보이지 않는 자연 현상을 어떻게 연구할까?

불이 꺼진 방에 혼자 있다면 어떻게 움직이겠니? 손부터 뻗게 되지 않니? 보이지 않으니 손으로 주변에 장애물이 있나 살피게 되지? 과학자들이 눈에 보이지 않는 자연 현상을 연구하는 방법도 비슷해. 뭔가를 던져서 앞에 무엇이 있는지, 어떤 물체인지 살펴보는 거야.

예를 들어 보자. 깜깜한 방에서 공을 던졌을 때 공이 부딪히는 소리가 나고, 나에게 되돌아오면 맞은편에 벽이 있다는 걸 알 수 있겠지? 잘은 몰라도 내게 곧바로 되돌아온 걸로 봐서는 부딪힌 면이 평평하다는 사실을 알 수 있어. 하지만 만약 던진 공이 벽에 맞기는 했는데 내게 오지 않고 다른 쪽으로 갔다면 어떨까? 물체가 울퉁불퉁하거나, 벽이 평평하지 않다는 걸 알 수 있어. 이런 방식으로 엄청나게 많은 공을 던져서 되돌아오는 방향을 관찰하면 앞에 있는 물체의 크기와 모양을 짐작할 수 있겠지?

병균이나 바이러스, 전자 제품 속에 들어가는 아주 작은 부품을 관찰할 때 주로 이런 방법을 사용해. 이때는 공이 아니라, 관찰하려는 물질보다 더 작은 입자를 던져. 원자핵 속에 들어 있는 전자를 주로 쓰지.

아주 작아서 눈에 보이지 않는 세계가 아닌, 너무 멀리 있어서 눈에 보이지 않는 우주는 어떻게 연구할까? 왠지 알 것 같다고? 그래, 맞아. 망원경을 쓰면 돼. 망원경은 지구 밖에서 오는 빛을 모으고 모아서 확대시켜 주는 장치지. 우리 눈에는 그저 밤하늘의 점처럼 보이는 토성도 망원경으로 보면 예쁜 고리가 있다는 걸 알 수 있어. 그뿐이 아니야. 별에서는 자외선이나 적외선 같은 눈에 보이지 않는 빛이 나오는데, 이 빛들을 모아 주는 거대한 망원경을 이용하면 태양계 밖에 있는 별에서 어떤 일들이 일어나는지 연구할 수 있다고!

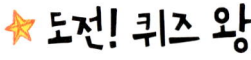

1. 비룡 초등학교 친구들이 들어간 과학의 방은 보이지 않는 힘을 체험할 수 있도록 만들어졌어요. 빛, 전기, 중력이 사라지면 어떤 일이 일어나는지 써 보세요.

① 빛이 사라지면?

② 전기가 사라지면?

③ 중력이 사라지면?

2. 아래 문장을 잘 읽고 맞으면 O, 틀리면 X 표시 하세요.

- 사람들은 흔히 눈에 보이는 것만 세상에 존재하고, 보이지 않는 것은 존재하지 않는다고 생각해요. 하지만 눈에 보이지 않는다고 존재하지 않는 것은 아니에요. (　)

- 세균, 효모, 곰팡이 등 우리 눈에 보이지 않는 미생물은 상상 속의 생물일 뿐, 실제로는 존재하지 않아요. (　)

- 우리가 텔레비전이나 컴퓨터를 쓰고, 나침반으로 방향을 찾고, 땅에 발을 딛고 서 있을 수 있는 것은 보이지 않는 힘이 존재하기 때문이에요. (　)

- 마른하늘에 번개가 치고 한낮에 태양이 사라지는 건, 신이 사람들에게 벌을 내렸기 때문이에요. (　)

3. 보이지 않는 자연 현상에 대한 설명으로 틀린 것을 고르세요.

① 과학이 발달하면서 사람들은 눈에 보이는 자연 현상 못지않게 보이지 않는 자연 현상이 많다는 것을 알게 되었어요.

② 과학의 역사는 자연을 이해하고, 자연에 대한 두려움을 극복하는 과정이라고 할 수 있어요.

③ 보이지 않는 자연 현상이 왜 일어나는지 이해하게 되면서 사람들은 태풍, 지진, 화산 폭발, 해일 같은 자연재해에 대비할 수 있게 되었어요.

④ 사람들은 이미 수천 년 전에 보이지 않는 자연 현상의 원리를 정확히 알고 생활에 이용했어요.

> 질문 있어요!

 텔레파시, 투시, 염력 같은 초능력도 자연 현상으로 볼 수 있나요?

자연 현상은 누구나 경험하는 현상을 말해. 하지만 텔레파시나 투시, 염력 같은 초능력은 몇몇 사람만 겪는 일이라고 할 수 있어. 실제로 경험한 것인지 착각한 것인지도 분명하지 않아. 그러므로 '자연 현상'이라고 보기는 어려운 것 같아.

하지만 궁금한 걸 못 참는 과학자들은 이런 현상들이 실제로 존재하는지, 왜 일어나는지에 대해서 과학적으로 분석해 보고 있어. 죽음 이후의 세계를 경험하는 '임사 체험'이 대표적이야. 심장 마비로 죽을 고비에 놓였던 사람이 목숨을 건진 뒤에 '천국을 보았다'거나 '유체 이탈을 경험했다'고 고백하는 경우를 종종 볼 수 있지. 이런 현상을 객관적으로 연구한 과학자들도 있어.

미국 뉴욕 주립대 연구 팀은 4년 동안 15개의 대형 병원 응급실에서 실험을 했어. 수술실에 들어간 환자가 유체 이탈을 했을 때만 볼 수 있는 위치에 어떤 사진들을 놓아두고 환자들이 실제로 봤는지 확인한 거야. 글쎄 4년 동안 환자 2060명 중에서 330명이 심장 마비를 겪고도 살아났는데, 그중에서 9명이 유체 이탈을 했다고 해. 참 신기하지?

②

보이는 빛, 보이지 않는 빛

빛의 종류와 성질

빛이 사라지면 어떻게 될까?

가로등 하나 없는 시골에서 밤을 맞아 본 적 있니? 달빛도 별빛도 없는 아주아주 새까만 밤, 한결이네 조 친구들이 들어간 '빛이 사라진 방' 같은 밤 말이야. 그런 밤에는 누구라도 두렵고 무서운 마음이 들 거야. 아무리 눈을 크게 뜨고 이리저리 돌아봐도 아무것도 보이지 않을 테니까. 그도 그럴 것이 빛이 사라진다는 건 단순히 어두워지는 것만을 의미하지 않거든. 텔레비전, 컴퓨터, 휴대폰처럼 빛을 이용한 물건들도 쓸 수 없게 된다는 뜻이지. 상상만 해도 끔찍하지 않니?

그래도 여기까지는 괜찮은 편이야. 태양 빛이 사라지면 우리는 더는 지구에서 살 수 없게 돼. 왜냐고? 일단 태양 빛이 없으면 식물이 광합성을 못 해. 식물이 태양 빛을 받아서 물과 이산화 탄소로 영양소와 산소를 만들어 내는 광합성 작용을 못 하면 그 식물을 먹고 사는 초식 동물들이 죽게 돼. 그러면 곧이어 육식 동물과 사람도 죽게 되지. 혹시 먹을 것이 충분하더라도 산소가 줄어들어서 살기 힘든 건 마찬가지야. 그뿐이 아니야. 태양 빛이 사라지면 지구는 엄청나게 추워져. 사람이 살 수 없을 만큼 말이야. 또 낮이 사라져서 하루 24시간, 1년 365일 밤만 계속되지. 어느 모로 보나 사람이 살긴 힘들겠지?

알쏭달쏭한 빛의 정체를 밝혀라!

그렇다면 빛이란 도대체 무엇일까? 빛은 워낙 흔히 쓰여서 그 뜻이 더 알쏭달쏭한 말 중 하나야. '기쁜 빛이 가득한 얼굴'이라던가 '쓸쓸한 가을빛'이라던가 '희망의 빛' 같은 말, 들어 봤지? 이때 쓰인 '빛'은 태도나 분위기 같은 걸 뜻해.

과학에서 말하는 **빛**은 우리 눈을 자극하여 물체를 볼 수 있게 해 주는 것을 뜻해. 다시 말해 빛, 물체, 눈이 있어야 우리는 사물을 볼 수 있어.

그렇다면 이런 빛은 어디서, 어떻게 만들어지는 걸까?

옛날 사람들은 빛이 사람의 눈에서 마치 레이저처럼 나온다고 생각했어. 또 빛은 원래 색깔이 없는데, 색깔이 있는 물체들을 지나면서 점점 색을 띠게 된다고 믿었다지. 그게 정말일까?

빛은 어디서 올까?

우리가 사물을 볼 수 있는 것은 태양, 전구, 형광등처럼 스스로 빛을 내는 **광원**이 있기 때문이야. 태양 빛은 사람과 관계없이 나타나는 자연 현상이고 나머지는 사람들이 만들어 낸 빛이지.

태양 빛이 어떻게 만들어지는지는 1900년대 초부터 하나씩 밝혀지기 시작했어. 태양 속에는 우리 눈에 보이지 않는 아주 작은 수소 알갱이들이 있는데, 이것들이 서로 부딪쳐 하나로 합해질 때마다 어마어마한 양의 에너지가 만들어져. 이 에너지 덕분에 태양은 엄청나게 많은 열과 빛을 내뿜고 있지.

태양뿐 아니라 모든 물체는 온도가 높아지면 빛을 내. 미국의 발명왕 에디슨이 만든 '백열전구'도 바로 이런 원리를 이용했어. 백열전구 안에 있는 실처럼 가는 금속 선인 필라멘트에서 열이 나면서 온도가 높아져서 빛이 나는 거지.

'형광등'이 빛을 내는 방식은 또 달라. 모든 물질은 원자라는 작은 알갱이로 이루어져 있고, 원자는 원자핵과 전자들로 만들어지는데 형광등은 전자를 이용해서 빛을 내.

이밖에 반딧불이, 심해어, 오징어처럼 몸에 특별한 기관이 있어서 스스로 빛을 내는 동물들도 있어.

빛은 무슨 색일까? 얼마나 빠를까?

오랫동안 사람들은 빛에 색이 없다고 생각했어. 그러다가 지금으로부터 약 360년 전, 영국의 과학자 아이작 뉴턴이 빛이 여러 색으로 이루어져 있다는 것을 밝혀냈지.

뉴턴은 태양 빛을 프리즘이라는 투명한 삼각기둥 모양의 도구에 비추면 빨강, 주황, 노랑, 초록, 파랑, 남색, 보라로 일곱 가지 색의 띠인 스펙트럼이 나타난다는 걸 발견했어. 이 빛을 가시광선이라고 불러. 사람의 눈에 보이는 빛이라는 뜻이야.

더 재밌는 걸 알려 줄까?
프리즘을 통과한 빛을 거꾸로 놓인 다른 프리즘에 통과시키면, 색이 하나로 합쳐져 흰색이 돼.
이것도 뉴턴이 알아냈어.

한편 이탈리아의 과학자 갈릴레오 갈릴레이는 빛의 속도를 알아내기 위한 실험을 했어. 아주 멀리 떨어진 곳에서 빛을 비춘 다음, 맞은편에 빛이 닿는 시간을 재기로 한 거야. 하지만 안타깝게도 이 실험은 실패하고 말았어. 빛의 속도가 너무나 빨라서, 저편에서 빛을 비추자마자 이편에서 빛을 받았다는 신호를 보내왔거든. 그도 그럴 것이 빛은 1초에 무려 30만 킬로미터를 갈 수 있어. 1초면 지구를 일곱 바퀴 반이나 돌 수 있는 거지.

빛은 똑바로 가려는 성질이 있어!

이제 빛의 성질에 대해 알아볼까?

가장 먼저 알아야 할 것은 빛이 똑바로 나아가려는 성질을 갖고 있다는 거야. 빛은 휘거나 돌아가는 일 없이 항상 곧게 직선으로 뻗어 나아가. 이것을 **빛의 직진**이라고 해.

어두운 방에서 손전등을 벽에 비추어 봐. 빛이 벽을 향해 똑바로 나아가는 것이 보이지?

그럼 곧게 뻗어 나아가던 빛이 앞을 가로막는 물체를 만나면 어떻게 될까?

빛은 물체에 막혀서 앞으로 나아가지 못하게 되면 그림자를 만들어. 즉 **그림자**는 물체가 빛을 가려서 그 물체의 뒷면이 빛이 없는 상태가 된 것이라고 할 수 있어.

그런데 빛이 물체를 만났을 때 언제나 그림자가 생기는 것은 아니야. 물이나 유리 같은 물질은 빛을 잘 통과시키거든. 유리로 만든 컵에 물을 부은 다음, 빛을 비추어 봐. 그림자가 잘 안 생기지? 빛이 유리컵과 물을 통과하기 때문이야.

이렇게 빛을 잘 통과시키는 물질을 **투명한 물질**이라고 해. 물, 유리 등이 투명한 물질이지. 반면에 나무나 두꺼운 종이와 천, 금속처럼 빛을 통과시키지 않는 물질은 **불투명한 물질**이야.

선생님이 빛을 막으면 어떻게 될까?

빛이 선생님을 통과할 수 없어서 그림자가 생겨요!

빛은 꺾이고 휘는 성질이 있어!

자, 이쯤에서 한 가지 궁금증이 생기지 않니? 불투명한 물체에 막혀서 앞으로 나아가지 못하게 된 빛은 어떻게 될까? 물체에 막혀 사라지는 걸까?

곧게 나아가던 빛은 불투명한 물체에 부딪히면, 일부는 흡수되고 일부는 나아가던 방향과 반대 방향으로 튕겨 나가. 그러고는 바뀐 방향으로 계속 나아가지. 이렇게 빛이 물체에 부딪혔다가 튕겨 나오는 것을 **빛의 반사**라고 해.

빛이 가진 재미있는 성질은 또 있어. 빨대를 물이 담긴 유리컵에 넣어 봐. 마치 빨대가 구부러진 것처럼 보이지? 이런 현상이 일어나는 건 **빛의 굴절** 때문이야.

빛은 통과하는 물질이 바뀌면 나아가는 방향이 바뀌는 성질이 있어. 즉, 물이 담긴 유리컵에 넣은 빨대가 구부러져 보이는 것은 빛이 공기에서 물로 들어갈 때, 물에서 다시 공기로 나아갈 때 굴절되기 때문이야.

빛은 왜 서로 다른 물질을 통과할 때 방향이 바뀌는 걸까? 너는 물속에서 움직일 때랑 물 밖에서 움직일 때, 어느 때가 더 움직이기 힘드니? 물속에서 움직일 때지? 빛도 그래. 어떤 물체를 통과하느냐에 따라 움직이는 방향과 속도가 다르지.

빛이 있어야 볼 수 있다는 게 무슨 뜻일까?

자, 이제 우리 눈이 물체를 보는 과정을 살펴보자.

우리가 무언가를 본다는 것은 빛이 우리 눈에 들어온다는 뜻이야. 어두운 방에서는 아무리 눈을 크게 떠도 아무것도 보이지 않잖아. 전등을 켜서 빛이 들어와야 비로소 방 안에 있는 물건들을 볼 수 있지.

그런데 우리가 전등을 보는 것과 책상, 침대, 장난감 같은 방 안의 다른 물건들을 보는 것은 그 과정이 조금 달라.

내가 나무를 볼 수 있는 건, 빛이 나무에 반사되어 내 눈에 들어왔기 때문이야.

먼저 전등은 빛을 내는 광원이야. 전등 빛이 눈에 들어오니까 우리는 밝게 빛나는 빛을 볼 수 있어. 하지만 책상이나 장난감은 전등에서 나온 빛이 그 물건들에 부딪힌 다음 반사되어 우리 눈에 들어와야 볼 수 있어. 어두운 방에 전등이라는 광원이 없으면 책상과 장난감은 볼 수 없는 거야.

그렇다면 색은 어떻게 보는 걸까? 빛이 여러 색으로 이루어져 있다고 했던 것, 기억하지? 빛이 어떤 물체에 부딪히면, 원래 갖고 있던 여러 색 중 일부는 물체에 흡수되고 일부는 반사되어서 우리 눈에 들어와. 즉, 나뭇잎이 녹색으로 보이는 것은 빛이 나뭇잎과 부딪혔을 때 다른 색은 나뭇잎에 흡수되고, 녹색만 반사되어서 우리 눈에 들어오기 때문이야.

꽃이 빨간색이라는 건, 빛이 꽃에 부딪혔을 때 다른 색은 흡수되고 빨간색만 반사되었단 뜻이지.

우리가 볼 수 없는 빛이 있다고?

우리 눈에 보이지 않는 빛도 많아. 눈에 보이는 가시광선은 빛의 아주 작은 부분에 불과하지. 보이지 않는 빛 중에서 가장 많이 알려진 것이 적외선과 자외선이야. 태양 빛을 모두 줄 세운다고 생각해 볼까? 일단 무지개 색깔 가시광선이 보일 거야. **적외선**은 가시광선의 빨간색 가까이에, **자외선**은 보라색 가까이에 줄을 서는 보이지 않는 빛이야.

적외선은 열을 내는 작용을 해. 햇빛을 받으면 몸이 뜨거워지잖아? 그건 태양으로부터 오는 빛에 적외선이 포함되어 있기 때문이야. 적외선은 열을 내는 물체에서는 다 나와. 우리 몸에서도 적외선이 나오지.

아하! 빛이 사라진 방에서 찾았던 보이지 않는 빛이란 적외선을 말하는 거였구나!

텔레비전에서 군인들이 이상하게 생긴 안경을 쓰고 훈련하는 모습을 본 적이 있니? 그 안경은 적외선을 볼 수 있도록 만든 특수 안경이야. 캄캄한 밤에도 그 안경을 쓰면 열을 내는 물체는 무엇이든 볼 수 있어.

자외선은 사람의 건강, 특히 피부와 관련이 많은 빛이야. 자외선을 적당히 쪼이면 우리 몸에 꼭 필요한 비타민 디(D)가 만들어지고, 살갗이 검게 그을려서 건강하고 멋져 보여. 또 자외선은 세균을 없애는 작용도 해.

하지만 자외선을 너무 많이 쪼이면 잔주름, 기미, 주근깨가 생기고 피부암, 백내장 같은 큰 병에 걸릴 수도 있어. 그러니까 햇빛이 강한 여름에 밖에 나갈 때는 선크림을 꼭 발라야 해.

보이지 않는 빛들이 하는 일

적외선과 자외선 외에도 우리 주변에는 보이지 않는 빛들이 많이 있어. 이런 빛들이 우리 생활에 얼마나 다양하게 쓰이고 있는지, 우리에게 얼마나 큰 도움을 주고 있는지 알면 깜짝 놀랄걸?

뼈가 부러져서 병원에 가면 엑스선 사진을 찍지? 그 사진은 바로 보이지 않는 빛인 엑스선을 이용해서 찍은 거야. 엑스선은 사람의 뼈와 살을 통과하는 정도가 달라. 그래서 엑스선으로 사람의 사진을 찍으면 엑스선이 많이 통과한 살 부분은 검게 나타나고, 엑스선이 통과하지 못한 뼈 부분은 희게 나타나.

또 우리가 라디오를 듣고, 텔레비전을 보고, 휴대폰을 쓸 수 있는 것은 라디오파라는 보이지 않는 빛 덕분이야. 라디오파는 장애물이 있어도 멈추지 않아서, 방송이나 통신에 필요한 신호를 보내는 데 많이 쓰여.

> 더 알아보기

📢 거울에 물체가 잘 비춰 보이는 이유

빛이 불투명한 물체를 만나면 일부는 흡수되고, 일부는 튕겨 나온다는 사실 기억하지? 그리고 흡수되고 남은 색깔의 빛이 튕겨 나오면서 우리가 물체의 모양과 색을 인식할 수 있게 된다는 것도 말이야. 빛이 반사하는 성질을 잘 이용하면 일상생활과 과학 연구에 유용한 것들을 만들 수 있지. 대표적인 예가 바로 거울이야.

거울은 빛을 아주 잘 반사하는 물질로 만들어. 거울을 통해 우리 얼굴을 볼 수 있는 이유가 바로 거울이 빛을 잘 반사하기 때문이지. 얼굴 각 부위에서 흡수되지 않은 빛이 튕겨 나온 뒤에 거울에 부딪히고, 다시 우리 눈으로 들어오면서 우리가 얼굴을 볼 수 있게 되는 거야.

옛날 사람들은 비록 이런 원리를 알지는 못했지만 돌멩이나 청동 같은 물체의 표면을 반질반질하게 만들면 얼굴을 비춰 볼 수 있다는 사실을 발견했어. 지금으로부터 약 2500년 전인 그리스 시대 유물에도 거울을 보는 사람의 모습이 새겨 있을 정도야.

하지만 예전 거울은 지금처럼 선명하지 않았어. 요즘 거울처럼 빛을 잘 반사시키지 못했거든. 받은 빛의 일부를 흡수하기 때문에 우리 얼굴뿐 아니라 거울의 색과 겉모습도 함께 보이는 '흐린 거울'이 되었던 거야.

거울은 정말 많은 곳에서 쓰여. 예를 들어 자동차 백미러는 뒤에서 오는 차를 살펴볼 수 있게 하는 중요한 역할을 하지. 만약 거울이 없었다면? 차들이 서로 부딪치고 사람이 다치는 일이 셀 수 없이 일어났을 거야.

그뿐 아니야. 과학자들은 거울을 이용해서 많은 연구를 하고 있어. 대표적인 예가 바로 천체 망원경이지. 천체 망원경은 오목하게 생긴 거울을 이용해서 우주에서 온 별빛을 모은 뒤, 그걸 확대해서 보여 줘. 거울이 크면 클수록 많은 빛을 모아서 더 또렷하게 볼 수 있겠지? 그래서 외국에서는 지름이 8미터나 되는 거울을 7장이나 이어 붙인 거대한 망원경도 만들고 있어. 이 망원경을 이용해서 우주 저편에서 어떤 일들이 일어나는지 연구할 계획이야.

천체 망원경에도 거울이 쓰여.

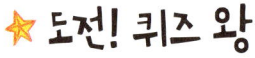

★ 도전! 퀴즈 왕

1. 아래 글을 잘 읽고 '빛의 직진', '빛의 반사', '빛의 굴절' 중 알맞은 것을 써 보세요.

① 빛이 공기 중에서 똑바로 나아가려는 성질이에요. (　　　　　　)

② 빛이 물체의 표면에 부딪혀서 나아가는 방향이 바뀌는 것이에요.
(　　　　　　)

③ 빛이 불투명한 물체에 막히면 그 물체의 뒷면에 그림자가 생겨요.
(　　　　　　)

④ 물이 담긴 유리컵에 넣은 빨대가 구부러져 보여요. (　　　　　　)

⑤ 빛이 한 물질에서 다른 물질로 나아갈 때 방향이 바뀌는 것이에요.
(　　　　　　)

2. 아래 상자에 쓰인 글을 읽고 무엇에 대한 설명인지 쓰세요.

- '이것'은 투명한 삼각기둥 모양의 도구예요. 빛을 비추면 빨강, 주황, 노랑, 초록, 파랑, 남색, 보라 일곱 가지 색의 띠인 스펙트럼이 나타나지요.
- '이것'을 통과한 빛을 거꾸로 놓인 다른 '이것'에 통과시키면 색이 하나로 합쳐져 흰색이 되어요.

3. 아래 설명을 잘 읽고 틀린 것을 고르세요.

① 우리가 물체를 보기 위해서는 우리 눈에 빛이 들어와야 해요.

② 태양, 전구, 형광등처럼 스스로 빛을 내는 물체를 보는 과정과 책상, 침대, 장난감처럼 빛을 내지 못하는 물체를 보는 과정은 달라요.

③ 스스로 빛을 내지 못하는 물체를 보려면 광원에서 나온 빛이 그 물체에 부딪힌 다음 반사되어 우리 눈에 들어와야 해요.

④ 우리가 물체의 색을 볼 수 있는 건 빛이 색을 띤 여러 물체들을 지나면서 색을 갖게 되기 때문이에요.

4. 아래 상자의 글을 잘 읽고 빈칸에 알맞은 단어를 써 보세요.

① _____ 은 가시광선의 빨간색 가까이 줄을 선 빛으로 열과 관련된 작용을 해요. ② _____ 은 가시광선의 보라색 가까이 있는 빛이며, 사람의 피부와 관련이 많아요.

햇빛을 받으면 몸이 뜨거워지는 것은 ③ _____ 때문이에요. 햇빛이 강한 여름에 밖에 나갈 때 선크림을 바르는 것은 ④ _____ 을 피하기 위해서예요.

질문 있어요!

빛의 성질을 이용해 투명 인간을 만들 수 있나요?

빛이 물체를 통과할 때 나아가는 방향이 굴절된다고 했던 것 기억하니? 물이 든 유리컵 속의 빨대가 휜 것처럼 보이는 이유가 바로 빛이 굴절해서 나아가기 때문이야. 그런데 어떤 과학자들은 이런 빛의 성질을 이용하면 물체를 보이지 않게 만들 수 있다고 말해. 어떻게 하는 건지 한번 알아볼까?

한 가지 방법은 메타 물질로 '투명 망토'를 만드는 거야. 영화나 소설에 나오는 것처럼 뒤집어쓰면 마치 아무것도 없는 듯이 투명해 보이도록 말이지. 메타 물질은 과학자들이 인공적으로 만든 건데, 빛을 굴절시켜서 뒤에 놓인 물체에 반사된 다음 우리 눈에 들어오게 만들어. 그렇게 되면 메타 물질로 덮거나 감싸 놓은 물체에는 빛이 닿지 않아서 우리 눈에는 보이지 않게 되지.

또 다른 방법은 빛이 지나가는 방향에 볼록 렌즈를 적절하게 배치하는 거야. 볼록 렌즈는 지나는 빛을 굴절시켜서 안쪽으로 모아 주는 역할을 하지. 그런데 볼록 렌즈 네 개의 간격을 잘 계산해서 일렬로 배치하면 렌즈 사이에 놓인 물체가 안 보이게 할 수 있다고 해. 이 기술을 이용하면 의사가 수술할 때, 환자의 수술 부위를 가리는 수술 도구 등을 보이지 않게 만들어 환자의 몸속을 자세히 들여다볼 수 있어.

③
보이지 않는 전기의 힘

전기의 발견과 이용

전기가 사라지면 큰 혼란이 온다고?

　혹시 집이나 학교에 있을 때 정전된 적이 있니? 전기가 끊겨서 불을 켤 수도, 텔레비전을 볼 수도, 컴퓨터를 쓸 수도 없는 상황에 놓인 적이 있어?
　2011년 9월 15일, 우리나라에서는 큰 정전 사고가 일어났어. 늦더위로 전기 사용량이 늘어나자, 전기를 공급하는 한국 전력 공사에서 전기를 끊었지.

전기가 끊기자 어마어마한 혼란이 찾아왔어. 야구장에서는 막 시작한 야구 경기가 중단됐고, 도로에서는 신호등이 꺼져서 차들이 옴짝달싹 못 했어. 갑자기 멈춰 선 엘리베이터에 갇힌 사람이 전국에 3000여 명이나 됐다지?

정전이 더 길어졌다면 병원에서 급히 수술이 필요하거나 치료를 받아야 하는 사람들이 목숨을 잃었을 수도 있어. 병원에서 쓰는 기계들도 죄다 전기로 작동하거든. 또 정수장에 전기가 끊겼다면 정말 큰일이 났을 거야. 정수장에서 걸러지지 않은 물을 마신 사람들이 한꺼번에 병이 날 수도 있으니까.

전자가 움직일 때 전기가 생겨나!

군이 끔찍한 정전 사고를 떠올리지 않아도 전기가 우리 생활에서 얼마나 중요한 역할을 하는지는 금방 알 수 있어. 주변을 한번 둘러봐. 냉장고, 세탁기, 청소기, 텔레비전, 휴대폰, 컴퓨터, 자동차…… 전기 없이 쓸 수 있는 기구를 찾아보기 힘들걸.

전기란 도대체 무엇일까? 전기는 어떻게 이렇게 많은 일을 할 수 있을까? 사람들은 눈에 보이지도 않고, 손으로 만질 수도 없는 전기를 어떻게 알고 이용했을까?

전기는 아주 오랜 옛날부터 자연에 존재했어. 하지만 사람들이 일상생활에 전기를 이용하게 된 건 그리 오래되지 않았어. 불과 300년 전만 해도 어두운 밤을 밝힌 건 전등이 아니라 촛불이었지.

원자

전기는 우리 눈에 보이지 않는 전자라는 작은 알갱이들이 움직일 때 생겨나는 에너지야. 앞에서 원자에 대해 이야기했던 것, 기억하니?

세상의 모든 물질을 쪼개고 또 쪼개면 원자가 돼. 물론 원자도 더 쪼갤 수 있지만, 산소나 철, 칼슘 등 물질을 이루는 화학 원소의 특징을 잃지 않는 기본 단위가 바로 원자야. 원자는 양(+)의 전기를 띤 원자핵과 음(-)의 전기를 띤 전자로 이루어져 있어. 하나의 원자핵 주위를 여러 개의 전자가 돌고 있지.

평소에 원자는 전기를 띠지 않는 중성이야. 하지만 전자가 원자 밖으로 나가거나 원자 안으로 들어오면, 전기를 띠게 되지. 원자핵은 무거워서 잘 움직이지 못하지만, 전자는 가벼워서 원자 안팎을 비교적 쉽게 드나들거든.

원자

사람들은 언제 전기에 대해 알았을까?

지금으로부터 약 2600년 전에 살았던 고대 그리스의 철학자 탈레스는 처음으로 전기에 대한 기록을 남긴 사람이야.

탈레스는 호박을 양가죽으로 문지르면, 작은 먼지들이 호박에 달라붙는 것을 발견했어. 아, 여기서 말하는 호박은 먹는 호박이 아니라, 누런 색깔의 보석이야. 나무에서 흘러나온 액이 땅속에서 돌처럼 단단하게 굳어서 만들어진 보석을 호박이라고 해.

탈레스가 관찰한 것은 서로 다른 두 물체들을 맞댄 채 문지르거나 비빌 때 만들어지는 **마찰 전기**였어.

기대하시라! 지금부터 빗과 풍선의 멋진 마술이 펼쳐집니다!

겨울철에 스웨터를 입고 벗을 때면 타다닥 하는 소리와 함께 찌릿한 느낌을 받잖아. 또 빗을 머리카락에 여러 차례 문지른 후 머리 위로 천천히 들어 올리면 머리카락이 빗을 따라 올라오지. 이때 생겨난 게 바로 마찰 전기야.

탈레스는 마찰 전기를 관찰했을 뿐, 왜 그런 일이 일어나는지는 알지 못했어. 이 현상에 처음으로 '전기'라는 이름을 붙인 사람은 영국의 과학자 윌리엄 길버트야. 탈레스가 마찰 전기를 관찰한 지 2000여 년이 지난 뒤의 일이었지. 탈레스가 남긴 기록을 본 길버트는 호박을 뜻하는 그리스어 '엘렉트론(Elektron)'에서 '전기(Electricity)'라는 이름을 따왔다고 해.

흐르지 않는 정전기와 흐르는 전류

마찰 전기는 움직이지 않고 한 물체에 머물러 있어. 그래서 **정전기**라고 부르기도 해. 물체에 정지해 있는 전기라는 뜻이지.

그런데 우리가 주로 사용하는 전기는 대부분 물처럼 흐르는 **전류**야. 번개가 전기 현상이라는 것을 밝혀낸 미국의 과학자였던 벤저민 프랭클린은 전기를 많이 띤 물체에서 적게 띤 물체로 전기가 흐른다고 생각했어. 그리고 전기를 많이 띤 물체가 양(+)의 전기이고, 전기를 적게 띤 물체는 음(-)의 전기라고 설명했지. 즉, 프랭클린은 전기가 양의 전기 쪽에서 음의 전기 쪽으로 흐른다고 생각한 거야.

얘들아, 내가 전기를 잡았단다!

프랭클린 박사님, 음전하가 내려와요!

이쯤에서 뭔가 이상하다는 걸 눈치챈 사람 있니?

앞에서 전기는 전자가 움직일 때 생겨난다고 했지? 즉, 전류는 음의 전기를 띤 전자가 음극에서 양극으로 움직이는 흐름이라고 할 수 있어. 그런데 양의 전기 쪽에서 음의 전기 쪽으로 전기가 흐른다니, 이게 무슨 말일까?

처음 전기 현상을 발견했을 때만 해도 과학자들은 원자와 원자핵, 전자에 대해 전혀 알지 못했어. 그냥 눈에 보이지 않는 무언가가 물체와 물체 사이를 흐른다는 것만 알았지. 전자에 대해 모르던 과학자들은 양극에서 나온 전기가 음극으로 흐른다고 정해 버렸어. 그리고 이것을 바탕으로 여러 가지 전기 법칙과 전기 기구를 만들었지.

그 후 전류가 전자의 흐름이며, 전자는 음극에서 양극으로 흐른다는 게 밝혀졌지만 전류의 방향은 바뀌지 않았어. 아마도 바꿔야 할 게 너무 많았기 때문일 거야. 결국 전류의 방향과 실제로 전자가 흐르는 방향이 반대가 되어 버리고 말았지.

전기가 통하는 물체, 통하지 않는 물체

전기가 어디서나 잘 흐르는 건 아니야. 학교 친구들 중에도 마음이 잘 통하는 친구가 있는가 하면, 그렇지 않은 친구가 있지 않아? 전기도 그래. 전기가 잘 통하는 물체와 전기가 잘 통하지 않는 물체가 있어.

철, 구리, 알루미늄 같은 대부분의 금속은 전기가 잘 통하는 **도체**야. 반면에 종이, 고무, 비닐, 유리, 나무 등은 전기가 잘 통하지 않는 **부도체**이지.

도체와 부도체는 우리가 생활하는 곳곳에서 여러 가지로 활용되고 있어. 예를 들어 전류가 잘 흘러야 하는 전선 속은 전기가 잘 통하는 도체인 구리로 만들어. 하지만 전선 겉은 전기가 잘 통하지 않는 부도체인 고무 등으로 만들지. 우리가 전선을 만져도 안전해야 하니 말이야.

한 가지 더. 뉴스에서 반도체에 대해 들어 봤지? **반도체**는 도체와 부도체의 중간 성질을 가진 물체야. 평소에는 전기가 거의 통하지 않는 부도체인데, 열이나 빛을 가하면 전기가 잘 통하는 도체가 돼. 이런 신기한 성질 때문에 반도체는 컴퓨터, 텔레비전, 라디오 등 여러 전자 제품에 두루 쓰이고 있어.

개구리 덕분에 전지를 만들었다고?

사람들은 언제부터 전기를 자유롭게 쓸 수 있게 되었을까? 어떻게 전기를 모아 두었다가 필요할 때 꺼내 쓸 수 있게 되었을까?
지금으로부터 약 250년 전, 이탈리아의 의학자 루이지 갈바니가 철판 위에 놓인 죽은 개구리 다리에 해부용 칼을 갖다 댔어. 그러자 개구리 다리가 전기를 흘렸을 때처럼 움찔거리며 떨렸지. 갈바니는 이것이 동물의 몸에서 전기가 만들어지는 증거라고 생각하고, 이를 **동물 전기**라고 불렀어.

이탈리아의 과학자 알레산드로 볼타는 갈바니와 생각이 달랐어. 볼타는 개구리가 놓인 철판과 해부용 칼 사이에서 전기가 만들어졌고, 그것이 개구리의 몸을 타고 흐른 것이라고 생각했지. 갈바니의 실험에서 칼 대신 유리나 뼈로 건드렸을 때는 개구리의 다리가 움직이지 않았거든.

볼타는 서로 다른 금속으로 만들어진 동전 두 개를 혀의 위아래에 갖다 대 보았어. 혀가 따끔한 게, 전기가 흐르는 것을 느낄 수 있었지. 볼타의 생각이 맞았던 거야. (위험하니 따라 하지 마!)

1800년 볼타는 이 실험 결과를 바탕으로 전기를 일으킬 수 있는 장치를 만들었어. 그게 바로 최초의 전지인 **볼타 전지**야. 구리로 만든 판과 아연으로 만든 판을 여러 개 번갈아 쌓고, 여기에 전기가 잘 흐르도록 소금물에 적신 종이를 끼워 만든 것이지.

자석으로 만드는 전기가 있다고?

전기 기구에는 모두 전지가 들어 있을까? 전지는 냉장고, 세탁기, 텔레비전 같은 전기 기구를 움직일 만큼 많은 전기를 만들지는 못해. 사용할 수 있는 시간도 매우 짧아.

과학자들은 많은 양의 전기를 쉬지 않고 쓸 수 있는 방법을 연구했어. 그렇게 해서 만들어진 것이 바로 **발전기**야. 집에서 쓰는 대부분의 전기 기구는 콘센트에 플러그를 꽂아서 쓰지? 이 콘센트에서 나오는 전기를 만들어 내는 장치가 바로 발전기야.

발전기를 어떻게 만들었냐고? 그걸 알려면 '자기' 얘기부터 꺼내야겠다. 자기란 자석이 일으키는 작용이나 성질을 말해. 자석이 쇠붙이를 끌어당기거나, 남쪽과 북쪽을 가리키는 것은 모두 자기 때문에 일어나. 이 자기의 힘을 전기로 바꾼다면? 이런 상상을 현실로 만든 과학자가 있었어. 바로 영국의 과학자 마이클 패러데이야. 자석이 움직일 때 전류가 흐르지 않을까 생각한 거지.

10여 년간의 노력 끝에 마침내 패러데이는 전선 옆에서 자석을 움직이면 전류가 흐른다는 사실을 알아냈어.

발전기가 바로 이 현상을 이용해 만들어졌지. 예를 들어 화력 발전소에서는 먼저 석탄이나 석유를 태워서 물을 끓여. 그러고는 물을 끓일 때 나오는 수증기의 힘으로 발전기 안에 들어 있는 커다란 자석을 빙글빙글 돌려. 그러면 자석이 돌아가면서 전기가 생겨나는 거야. 자석으로 전기를 만든다니, 정말 신기하지?

전기로 만드는 자석이 있다고?

 전류가 자석처럼 쇠붙이를 끌어당긴다면, 길에 있는 전깃줄이나 집에 있는 전선에 숟가락이나 동전이 달라붙어야 하지 않느냐고?

 너도 알다시피 그런 일은 일어나지 않아. 전류가 만드는 자기는 그리 세지 않거든. 그렇다면 전류의 힘으로는 강력한 자석을 만들 수 없을까? 과학자들은 실험을 거듭한 결과, 쇠막대에 전선을 둘둘 감은 다음 전류를 흘리면 강한 자기장이 발생한다는 걸 알아냈어. **자기장**이란 자석 주위나 전류 주위처럼 자기의 힘이 미치는 공간을 말해.

　전기를 이용해서 만든 **전자석**은 재미있는 점이 아주 많은 자석이야. 전자석은 전류가 흐르면 자석이 됐다가, 전류를 끊으면 원래의 상태로 돌아가. 또 쇠막대에 전선을 얼마나 많이 감느냐에 따라 자석의 세기를 마음대로 조절할 수 있어. 전기가 흐르는 방향을 달리하면, 자석에서 북쪽을 가리키는 N(엔) 극과 남쪽을 가리키는 S(에스) 극을 바꿀 수 있지.

　우리 주변에는 전자석의 이런 성질을 이용한 예들이 참 많아. 스피커에서 음악이 흘러나올 수 있는 것도 전자석의 성질을 이용한 거야.

더 알아보기

전기 회로란 무엇일까?

우리 몸이 살아 움직이는 원리를 알고 있니? 심장에서 나오는 핏줄이 끊어지지 않고 온몸에 있는 기관을 지나 다시 심장으로 되돌아오기 때문에 살 수 있어. 핏줄을 통해 피가 흐르면서 온몸에 산소와 영양분을 공급해 주거든. 심장과 핏줄, 모든 기관은 하나로 이어진 회로인 셈이야.

놀랍게도 전기 회로 역시 마찬가지야. 전기가 나오는 에너지원인 전지와 그 에너지를 사용하는 전구가 핏줄 같은 전선으로 연결된 것을 전기 회로라고 부르거든. 우리 몸속에 핏줄이 있는 것처럼 휴대폰과 컴퓨터, 텔레비전 등 모든 전자 제품 안에는 전기가 흐르는 회로가 들어 있어.

도체와 부도체에 대해서 기억하고 있지? 전기 회로에는 전기가 흐르는 도체가 필요해. 전기 에너지를 발생시키는 전지와 전기를 사용하는

직렬연결

전구를 두 개 연결하면 전구가 한 개일 때보다 밝지 않아.

전구 사이를 도체인 전선으로 연결하면 빛이 나오는 거야. 휴대폰 같은 전자 제품도 마찬가지지. 전기가 통하지 않는 플라스틱판 위에 원하는 모양으로 도체 선을 깔아서 전기가 흐르는 길을 만들어 놓고, 여기에 전지를 연결시키면 회로에 전기가 흘러서 휴대폰을 작동시켜.

그런데 전기 회로에는 신기한 특징이 있어. 전선을 여러 갈래로 나눠 여러 전구를 연결할 때(병렬연결)와 하나의 전선에 여러 전구를 연결할 때(직렬연결) 밝기가 다르다는 거야. 같은 전구를 같은 개수만큼 달았는데도 말이지. 전선 하나에 연결된 전구보다 여러 갈래로 나눈 전선에 연결된 전구가 더 밝아.

왜 이런 현상이 나타나는 거냐고? 정해진 양의 에너지를 나눠 쓰는 것과 혼자 쓰는 것의 차이라고 생각하면 돼. 직렬연결에서는 1이라는 에너지를 나눠 쓰지만 병렬연결에서는 각자 1의 에너지를 쓰는 것이거든.

⭐ 도전! 퀴즈 왕

1. 아래 글을 잘 읽고 괄호 안의 단어 중 맞는 것에 동그라미 치세요.

① 약 2600년 전 고대 그리스의 철학자 탈레스는 서로 다른 두 물체들을 맞댄 채 문지르거나 비비면 (마찰 전기, 전류)가 생긴다는 것을 발견했어요.

② 우리가 주로 사용하는 전기는 대부분 물처럼 흐르는 (마찰 전기, 전류, 동물 전기)예요.

③ 종이, 고무, 비닐 등은 전기가 잘 통하지 않는 (도체, 부도체)예요. 반면에 철, 구리, 알루미늄 등 대부분의 금속은 전기가 잘 통하는 (도체, 부도체)이지요.

④ 전류가 잘 흘러야 하는 전선 속은 전기가 (잘 통하는, 잘 통하지 않는) 구리로 만들지만, 전선 겉은 전기가 (잘 통하는, 잘 통하지 않는) 고무로 만들어요.

2. 아래 상자에 쓰인 글을 읽고 무엇에 대한 설명인지 쓰세요.

- 도체와 부도체의 중간 성질을 가진 물체예요.
- 평소에는 부도체이지만 열이나 빛을 가하면 도체가 돼요.
- 컴퓨터, 텔레비전 등 여러 전자 제품에 두루 쓰여요.

3. 왼쪽 설명에 맞는 과학자를 찾아 줄을 그어 보세요.

① 번개가 전기 현상이라는 것을 밝혀냈어요. 하지만 전기가 양의 전기에서 음의 전기 쪽으로 흐른다고 생각하는 오류를 저질렀지요.

② 마찰 전기 현상을 관찰하고, 호박을 뜻하는 그리스어 '엘렉트론'에서 딴 '전기'라는 이름을 붙였어요.

③ 구리로 만든 판과 아연으로 만든 판 사이에 소금물에 적신 종이를 끼운 것을 여러 개 쌓아 최초의 전지를 만들었어요.

④ 전선 옆에서 자석을 움직이면 전류가 흐른다는 사실을 알아냈어요.

㉠ 알레산드로 볼타

㉡ 벤저민 프랭클린

㉢ 마이클 패러데이

㉣ 윌리엄 길버트

정답 1.①마찰 전기 ②건전지 ③도체 ④절연체 (또는 부도체), 장 둘이서 묻고 답하고제
3.①ⓒ ②ⓓ ③㉠ ④㉢

질문 있어요!

번개는 왜 생기나요?
사람이 번개를 맞으면 어떻게 되나요?

'우르릉 쾅!' 하고 내리치는 천둥 번개는 보이지 않는 전기 현상의 증거라고 할 수 있어. 그런데 전기는 왜 생기는 걸까?

한낮에 햇빛이 내리쬐면 당연히 공기가 뜨거워지겠지? 뜨거워진 공기는 하늘로 올라가는데, 이때 공기 중에 있던 수증기와 먼지들도 함께 올라가게 돼. 하늘 높은 곳에서 공기가 식으면서 구름이 만들어지지.

그런데 구름 속에 있는 알갱이들이 마찰하면서 마찰 전기가 생기고, 구름 위쪽은 양전하로, 아래쪽은 음전하로 나뉘게 돼. 구름 아래쪽에 음전하가 많이 있으면 땅에는 양전하가 모이게 되는데, 그 양이 많아지면서 번개가 내리치게 되는 거야. 번개는 구름 속 음전하가 지상으로 떨어지는 현상인데, 이때 생기는 강한 빛 때문에 공기가 순식간에 뜨거워져서 '쾅' 하고 천둥소리가 나는 거지.

번개는 전기가 흐르는 현상이니까, 전기가 통하는 물체인 도체로 떨어지겠지? 그런데 몸의 약 70퍼센트가 물로 이루어진 사람도 도체야. 그러니 번개가 사람에게 떨어질 수도 있어. 사람이 번개를 맞으면 심장이 작동을 멈추어서 죽기 때문에 아주 조심해야 해. 그러니 번개가 치면 우뚝 솟은 나무 근처를 피하고, 뾰족한 금속은 들지 말아야 해. 자동차 안에 있으면 번개가 쳐도 전기가 차를 타고 땅속으로 들어가기 때문에 안전해.

④ 보이지 않는 중력의 힘

중력과 자기력의 성질

놀이 기구 속에 숨은 보이지 않는 힘

친구들은 어떤 놀이 기구를 좋아하니? 빠른 속도로 내달리는 청룡 열차? 높은 하늘에서 갑자기 뚝 떨어져 내리는 자이로 드롭? 그런데 이런 놀이 기구에도 보이지 않는 힘이 작용한다는 거, 알고 있니?

자이로 드롭을 한번 예로 들어 볼까? 우리나라에서 가장 높은 자이로 드롭은 높이가 약 103미터로, 아파트 35층 높이에 달해. 모두 알다시피 자이로 드롭의 무시무시함은 이 높이에서 나와. 꼭대기까지 올라간 자이로 드롭은 단 몇 초 만에 엄청나게 빠른 속도로 땅에 떨어지는데, 많은 사람들이 여기에서 짜릿함을 느끼지. 그런데 바로 여기에 보이지 않는 힘이 작용해. 자이로 드롭을 무서운 속도로 아래로 당기는 힘 말이야.

지구에 있는 모든 것은 아래로 떨어지려는 성질이 있어. 공중에서 공이나 책을 잡았다가 놓아 봐. 바로 아래쪽으로 떨어지지? 지구 중심으로부터 끌어당기는 힘이 작용하기 때문이야. 이 힘은 보이지 않지만 매 순간 우리에게 큰 영향을 미치고 있지.

중력과 만유인력이 같은 거라고?

지구와 지구 위의 모든 물체에는 서로 잡아당기는 힘인 **중력**이 작용하고 있어. 지구는 공처럼 둥근데, 지구 위쪽에 사는 사람들과 아래쪽에 사는 사람들이 모두 땅에 발을 붙이고 걸어 다니는 게 이상하다고 생각한 적 없니? 그게 다 중력이 사람들을 지구 중심으로 끌어당기고 있기 때문이야.

사실 중력은 지구와 지구 위의 물체뿐 아니라, 질량이 있는 모든 물체들 사이에 작용하는 힘이야. 이것을 가장 먼저 알아차린 사람은 영국의 과학자 뉴턴이야. 뉴턴은 지구와 지구 위의 물체뿐 아니라 지구와 달, 지구와 태양, 태양과 다른 행성 사이에도 서로 잡아당기는 힘이 작용한다는 사실을 알아내고 이를 **만유인력**이라고 불렀어.

여기서 문제! 지구와 지구 위의 물체 사이에 서로 끌어당기는 힘이 작용하는데 왜 사과만 지구를 향해 떨어지는 걸까? 지구는 왜 사과를 향해 떨어지지 않지?

뉴턴은 물체의 질량이 클수록, 거리가 가까울수록 만유인력이 강하다고 봤어. 즉, 지구와 사과는 서로 같은 크기의 힘으로 끌어당기지만, 지구의 질량이 사과의 질량보다 훨씬 크기 때문에 사과만 지구 쪽으로 끌어당겨지는 거야.

중력이 사라지면 어떻게 될까?

눈에 보이지는 않지만 중력은 항상 우리를 지구 중심으로 끌어당기고 있어. 중력이 우리에게 어떤 영향을 미치는지는 중력이 사라진 경우를 상상해 보면 바로 알 수 있지.

중력이 없으면 어떤 일이 일어날까? 지구가 물체를 잡아당기는 힘이 없으니, 사람들이 땅에 발붙이고 살지를 못할 거야. 우주선 안의 우주 비행사처럼 공중에 둥둥 떠다니게 되겠지.

재미있겠다고? 중력이 없으면 우리가 숨 쉬는 데 필요한 산소를 비롯한 공기도 지구 밖으로 다 날아가 버릴 텐데? 산소를 공급해 주는 우주복이라도 입지 않는 한 모두 금방 죽게 될 거라고.

또 하나 재미있는 게 있지. 중력이 없으면 무게를 못 느낀다는 거야. **무게**는 지구가 물체를 당기는 힘, 즉 중력의 크기를 나타내는 값이야. 따라서 중력의 크기가 달라지면 무게도 달라져. 예를 들자면 지구 중력의 6분의 1인 달에 가면 몸무게도 6분의 1로 줄어들지. 질량은 안 그래. 물체가 가지고 있는 물체 고유의 양을 뜻하는 **질량**은 어디에서나 그 값이 일정해.

공기도 중력이 붙잡고 있는 거였구나!

자이로 드롭은 어떻게 중력을 거스를까?

자, 여기서 자이로 드롭 이야기로 다시 돌아가 보자. 중력에 의해 무시무시한 속도로 떨어져 내리던 자이로 드롭은 어떻게 땅에 충돌하지 않고 멈추어 설 수 있을까? 사과처럼 땅에 떨어져야 하는 것 아닐까?

자이로 드롭이 중력을 거슬러 안전하게 멈춰 설 수 있는 것은 자기력 덕분이야. 앞에서 자기에 대해 이야기한 것, 기억하니? **자기력**이란 바로 자기의 힘을 말해. 자석과 전류는 N극과 S극을 갖고 있는데, 같은 극끼리는 서로 밀어내고 다른 극끼리는 서로 끌어당겨. 이렇게 자석과 자석끼리, 전류와 전류끼리, 또는 자석과 전류끼리 서로 끌어당기거나 밀어내면서 서로에게 미치는 힘을 자기력이라고 하지.

보기보다 비밀이 많은 몸이야.

자이로 드롭 가운데 있는 탑 아랫부분에는 여러 개의 기다란 금속판이 붙어 있어. 그리고 사람들이 앉는 의자 뒤쪽에는 자석 여러 개가 달려 있지. 자이로 드롭이 떨어지면서 의자의 자석이 기둥의 금속판 곁을 지나가게 되는데, 이때 갑자기 금속판에 전류가 흐르기 시작해. 그런데 전류가 흐르면 자기 현상이 나타난다고 했잖아. 금속판에 흐르는 전류 때문에 자기력이 생겨. 바로 이 자기력이 중력과 반대 방향으로 작용하면서 자이로 드롭을 멈춰 세우는 거야.

커다란 열차를 움직이는 자기력

자기력을 이용하면 크고 무거운 열차도 빠르게 움직일 수 있어. **자기 부상 열차**가 바로 그런 열차이지. 자기 부상 열차는 바퀴 없이 기찻길 위를 떠서 움직여. 열차 바닥과 기차 선로를 같은 극의 자석으로 만들어서, 둘 사이에 생기는 자기력으로 열차를 선로 위에 띄우는 거야.

또 열차 앞의 선로는 열차 바닥과 다른 극의 자석으로 만들어서 열차가 다른 극의 자석에 이끌려서 앞으로 움직이게 해. 그리고 열차가 그 선로 위로 오면 바로 선로의 극을 열차 바닥과 같은 극으로 바꾸어서 열차가 아래로 떨어지지 않게 하지.

자기 부상 열차는 선로 위에 떠서 움직이기 때문에 흔들림이나 시끄러운 소리가 거의 없어. 속도도 다른 열차들보다 훨씬 빨라. 최대 시속 600여 킬로미터까지 낼 수 있지. 서울에서 부산까지 1시간 만에 갈 수 있는 속도야. 게다가 자기 부상 열차는 열차의 바퀴나 선로의 레일이 닳아 못 쓰게 되는 일도 드물어. 자기력의 힘이 정말 대단하지?

어마어마한 힘을 가진 특별한 전자석

뭔가 이상하다고? 네가 갖고 있는 자석은 작은 나사못 하나 못 들어 올리는데, 어마어마하게 무거운 열차를 공중에 띄우는 자석이 있다니 못 믿겠다고?

맞아, 보통 자석은 그렇지. 하지만 전자석은 좀 달라. 쇠막대에 전선을 둘둘 감은 다음 전류를 흘려 만드는 것부터 다르지. 전자석은 전류의 세기에 따라 보통 자석보다 훨씬 강한 자기력을 가질 수 있어. 문제는 수백 톤이 넘는 열차를 띄우려면 정말, 아주, 엄청나게 강한 자석이 있어야 한다는 거야. 그래서 과학자들은 슈퍼맨처럼 힘이 센 **초전도 자석**을 만들어 냈어.

초전도 자석은 **초전도체**, 다시 말해 세상에서 전기를 통하는 능력이 가장 뛰어난 물체로 만든 자석이야. 전기를 통하는 능력이 약한 물체로 전자석을 만들면 아무리 강한 전류를 흘려도 버려지는 전류가 많아서 강한 자기력을 내기 힘들어. 하지만 초전도 자석에서는 버려지는 전류가 거의 없어서 열차도 띄울 만큼 강한 자기력을 얻을 수 있지.

다만 초전도체는 아주 낮은 온도에서만 사용할 수 있다는 문제가 있어. 하지만 과학자들이 더 높은 온도에서도 쓸 수 있는 초전도체를 개발 중이니까, 언젠가 초전도 자석을 막대자석처럼 쓸 수 있는 날이 올지 몰라.

지구가 거대한 자석이라고?

오래전 내비게이션이 없던 때 사람들은 어떻게 길을 찾았을까? 옛날 사람들이 사용한 내비게이션은 바로 **나침반**이었어. 자석이 지구의 북쪽과 남쪽을 가리키는 성질을 이용한 거지.

나침반을 맨 처음 만들어 쓴 건 중국 사람들이야. 중국의 오래된 책에는 "국자 모양의 자석을 쟁반 위에 올려놓았더니, 국자의 손잡이 부분이 남쪽을 가리켰다."는 기록이 남아 있어.

그런데 당시 중국 사람들은 나침반의 원리까지는 이해하지 못했던 것 같아. 나침반의 자석이 북쪽을 가리키는 이유가 북극성에 이끌리기 때문이라거나, 북극에 아주 큰 자석으로 된 섬이 있기 때문이라고 생각했거든.

나침반의 바늘이 항상 북쪽을 가리키는 이유를 처음 설명한 사람은 영국의 과학자 윌리엄 길버트야. 길버트는 '지구 전체가 하나의 거대한 자석'이라고 생각했어. 자신의 생각을 증명하기 위해서 길버트는 지구처럼 동그란 공 모양 자석을 만든 다음, 그 위에 나침반을 올렸어. 길버트의 생각대로 나침반의 바늘은 어디서나 북쪽을 가리켰어. 이 실험으로 길버트는 지구가 남쪽이 N극이고 북쪽이 S극인 커다란 자석이라는 사실을 확신했지.

그런데 지구는 왜 자석의 성질을 가질까? 아직 아무도 이 문제에 대해 답하지 못하고 있어. 다만 과학자들은 지구 속에 전기를 띤 물체가 흐르고 있지 않을까 추측하고 있지.

지구 자기장이 우주 방사선을 막아 준다고?

지구가 거대한 자석이라는 건 지구 주위에 자기력이 미치는 공간, 즉 **지구 자기장**이 있다는 뜻이야. 눈에 보이지는 않지만 지구 자기장은 우리가 지구에서 살아갈 수 있게 해 주는 중요한 힘이야.

태양은 매일같이 폭발하며 큰 에너지를 만들어 내. 태양의 폭발이 특히 강한 때면 태양으로부터 지구로 어마어마한 에너지를 지닌 알갱이들이 날아오는데, 이 알갱이들의 흐름을 **태양풍**이라고 해.

태양풍은 지구 가까이 이르렀을 때 속도가 초속 350킬로미터나 되는 데다, 강력한 에너지를 갖고 있어서 아주 위험해. 태양풍이 지구에 직접 닿으면 지구의 생명체는 하나도 살아남지 못할 거야. 이 태양풍으로부터 지구를 보호해 주는 것이 바로 지구 자기장이야.

　지구 자기장은 전기를 띤 물체들을 밀어내는 성질이 있어서, 태양풍에 있는 양의 전기와 음의 전기를 띤 알갱이들이 지구로 들어오지 못하도록 막아 주거든. 실제로 자기장이 거의 없는 금성과 화성은 태양풍의 영향으로 생명체가 살기 힘들단다.

자기력 방패로 지구를 지켜라!

보이지 않는 힘의 비밀을 밝혀라!

"아는 것이 힘이다!"라는 말, 알지? 공포 영화를 볼 때나 놀이공원에 있는 귀신의 집에 들어갈 때, 언제 어디서 뭐가 나오는지 알면 별로 무섭지 않아. 오히려 시시하지.

자연 현상도 그래. 옛날 사람들은 전염병이 유행하거나, 화산이 폭발하거나, 지진이 일어나면 신이 내린 벌이라며 두려워했어. 하지만 왜 그런 일이 생기는지, 어떻게 일어나는지 이해하게 되자 더는 두려워하지 않게 되었지.

얘들아, 과학의 열쇠로 세상의 비밀을 풀어 보렴!

찰칵!

우리 미래의 과학자들~ 사진을 찍어 둬야지. 자, 김치!

수많은 과학자들의 노력으로 이제 우리는 두렵게만 여겼던 자연 현상을 보다 잘 이해하고 활용할 수 있게 되었어. 물론 과학의 세계에는 여전히 풀리지 않은 비밀들이 많이 남아 있지만 말이야.

그러니 만약 네가 끝없는 호기심을 갖고 있고, 과학을 통해 사람들에게 도움을 주기를 바란다면 과학자가 되는 꿈을 꾸어 봐! 뉴턴, 갈릴레이, 패러데이, 볼타, 길버트가 그랬던 것처럼 보이지 않는 세상에서 일어나는 일의 비밀을 밝히는 데 도전하는 거야!

더 알아보기

무게는 뭐고, 질량은 뭘까?

질량과 무게, 정말 헷갈리지? 하지만 둘은 엄연히 달라. 질량은 물체가 쪼개지지 않는 한 절대로 변하지 않는 성질인 반면에 무게는 그때그때 달라질 수 있거든. 예를 들어 화성으로 우주여행을 떠난다고 생각해 보자. 화성으로 간 사람이 갑자기 팔이나 다리가 사라지거나 하지는 않을 거야. 하지만 그 사람이 있는 장소는 큰 차이가 생겼지. 지구가 아닌 화성이니까 말이야. 무게는 지구나 화성이 물체를 끌어당기는 힘을 말하는데, 지구랑 화성은 질량이 다르니까 당연히 잡아당기는 힘도 다르겠지? 이처럼 질량은 어떤 힘을 받는 대상의 성질을 말하고, 무게는 질량을 가진 물체에 작용한 힘을 말해.

무게를 다른 말로 만유인력이라고 할 수 있어. 만유인력은 질량을 가진 두 물체 사이에 작용하는 힘을 뜻하는데, 서로 끌어당기는 힘이야. 그런데 흥미로운 건 이 힘은 둘 사이의 거리가 가까울수록 크고, 멀어질수록 작아진다는 거야. 친구 사이가 가까우면 우정이 커지고, 다투거나 멀어지면 우정이 사그라지는 것처럼 말이야.

영화를 보면 자주 나오는 것처럼, 지구 밖으로 벗어나면 만유인력은 어마어마하게 작아져. 지구랑 우리 사이가 멀어졌기 때문이지. 그래서 우주인들은 지구로 떨어지지 않고 우주에서 둥둥 떠다닐 수 있는 거야.

아마 만유인력과 중력에 대해서 많이 헷갈릴 거야. 사실 중력과 만유인력은 비슷한 말이라고 할 수 있어. 특별히 지구상에서 지구와 물체 사이에 작용하는 만유인력에 지구가 자전하면서 생기는 원심력을 합한 것을 중력이라고 부르는 거거든.

달에서 내 무게는 지구에서 무게의 6분의 1이야.

⭐ 도전! 퀴즈 왕

1. 자음을 보고 올바른 단어를 차례대로 써 보세요.

지구와 지구 위의 모든 물체에는 서로 잡아당기는 힘인 ①ㅈㄹ이 작용해요. 영국의 과학자 ②ㄴㅌ은 이 힘이 지구와 지구 위의 물체뿐 아니라, ①ㅈㄹ이 있는 모든 물체들 사이에 작용한다는 것을 알아내고, 이를 ③ㅁㅇㅇㄹ이라고 불렀어요.

①   ②   ③

2. 아래 글을 잘 읽고 괄호 안의 단어 중 맞는 것에 동그라미 치세요.

뉴턴은 물체의 질량이 (클수록, 작을수록), 거리가 (가까울수록, 멀수록) 만유인력이 강하다고 생각했어요. 즉, 지구와 지구 위의 사과는 서로 (다른, 같은) 크기의 힘으로 끌어당기지만, 지구의 질량이 사과의 질량보다 훨씬 (크기, 작기) 때문에 사과가 지구 쪽으로 끌어당겨져서 땅에 떨어져요.

3. 아래 문장을 잘 읽고 맞으면 O, 틀리면 X 표시 하세요.

- 자석과 자석끼리, 전류와 전류끼리, 자석과 전류끼리 서로 끌어당기거나 밀어내면서 서로에게 미치는 힘을 자기력이라고 해요. (   )

- 자기 부상 열차는 자기력을 이용한 열차예요. 열차 바닥과 선로를 서로 다른 극의 자석으로 만들어서 열차를 선로 위에 띄우지요. (   )

- 초전도 자석은 세상에서 전기를 통하는 능력이 가장 뛰어난 초전도 물체로 만든 자석이에요. 초전도 자석에서는 버려지는 전류가 거의 없어서 강한 자기력을 얻을 수 있어요. (   )

- 나침반의 바늘이 항상 북쪽을 가리키는 것은 북극에 커다란 자석으로 된 섬이 있기 때문이에요. (   )

4. 아래 상자의 글을 잘 읽고 빈칸에 알맞은 단어를 써 보세요.

> 지구는 거대한 자석으로, 지구 주위에는 자기력이 미치는 공간인 ①_____ 이 있어요. ①_____ 은 전기를 띤 물체들을 밀어내는 성질이 있어서 태양에서 불어오는 ②_____ 이 지구 안으로 들어오지 못하도록 방패 역할을 해요.

① _____   ② _____

정답: 1. ①중력 ②노튼 2.플러스, 개미동수실, 끝등 3. O, X, O, X 4. ①지구 자기장 ②태양풍

질문 있어요!

지구의 중력이 지금보다 작아지면 어떻게 되나요?

태양계에서 지구처럼 암석으로 이뤄진 행성은 수성과 금성, 화성이 있어. 그리고 지구의 위성인 달도 암석으로 이뤄져 있지. 암석으로 이뤄진 행성에서는 행성과 사람이 서로 잡아당기는 중력 때문에 땅에 발을 딛고 걸어 다닐 수 있지.

중력은 물체가 가지는 질량에 따라서 그 세기가 달라지는데, 달이나 화성은 지구보다 질량이 작아서 우리가 지구에서 느끼는 중력보다 작은 힘으로 우리를 끌어당겨. 그렇기 때문에 사람이 달이나 화성에 가면 지금보다 작은 힘으로 땅을 딛게 될 거야. 몸무게가 가벼워지는 거지.

그렇다고 걸음걸이가 크게 달라지거나 하지는 않을 거야. 미국 항공우주국(NASA)에서 실험해 봤는데, 지구 중력의 6분의 1인 달이라도 사람이 움직이는 속도가 아주 많이 달라지지는 않는다고 했어. 영화에서 우주인들이 뒤뚱뒤뚱 걷는 이유는 중력 차이 때문이 아니라 우주복이 걷기에 불편해서 그런 거래. 다리에 깁스를 하고 걷는 느낌을 생각하면 돼.

지구보다 중력이 작은 행성에서는 걷는 것보다 산소 부족을 걱정해야 할 거야. 산소와 같은 공기 입자들도 중력의 힘에 붙들려 있는 거라서 중력이 작으면 쉽게 행성 밖으로 날아가 버리거든. 산소가 다 날아가 버리면 숨을 쉬기 힘들겠지.

글쓴이 **최영준**

천문학자를 꿈꾸던 어린 시절을 거쳐 과학 전문 기자로 12년간 활동했다. 지은 책으로 『자연재해로부터 탈출하라!』, 『화산이 들썩들썩! 백두산이 폭발한다면?』, 『지구가 흔들흔들! 해운대에 지진이 일어난다면?』, 『도시가 깜빡깜빡! 대정전이 일어난다면?』, 『초등학교 때 꼭! 해야 할 재미있는 창의 활동 365』(공저) 등이 있다.

그린이 **우지현**

북한산 아래 작은 마을에서 태어났다. 숲과 도서관을 좋아하고, 날마다 그림을 그리며 살고 있다. 쓰고 그린 책으로 『울보 바위』, 『느릿느릿 도서관』, 『걸었어』(공저), 『내가 태어난 숲』(공저) 등이 있고, 그린 책으로는 『수학 도깨비』, 『아빠와 함께 걷는 문학 길』, 『마고할미네 가마솥』, 『위기일발 지구를 구한 감동의 환경 운동가들』, 『송곳니의 법칙』 등이 있다.

4 보이지 않는 힘

과학은 쉽다!

1판 1쇄 펴냄 2019년 11월 18일 1판 5쇄 펴냄 2022년 1월 20일
2판 1쇄 펴냄 2022년 4월 20일 2판 3쇄 펴냄 2023년 5월 16일
글 최영준 그림 우지현
펴낸이 박상희 **편집장** 전지선 **편집** 송재형 **디자인** 정상철, 정경아
펴낸곳 (주)비룡소 출판등록 1994. 3. 17(제16-849호)
주소 06027 서울시 강남구 도산대로1길 62 강남출판문화센터 4층
전화 02)515-2000 **팩스** 02)515-2007 **홈페이지** www.bir.co.kr
제품명 어린이용 반양장 도서 **제조자명** (주)비룡소 **제조국명** 대한민국 **사용연령** 3세 이상

ⓒ 최영준, 우지현, 2019. Printed in Seoul, Korea.

ISBN 978-89-491-8931-4 74400/ 978-89-491-8927-7(세트)